JN417510

허공에 기대다

박경화시조집

허공에 기대다

지은이 · 박경화
펴낸이 · 민병도
펴낸곳 · 목언예원

초판 인쇄 : 2021년 12월 1일
초판 발행 : 2021년 12월 5일

목언예원
출판등록 : 2003년 2월 28일 제8호
경북 청도군 금천면 선바위길 53 (신지2리 390-2)
전화 : 054-371-3544 (팩스겸용)
E-mail : mbdo@daum.net

ISBN 978-89-94733-05-0 03810

저자와의 협의에 의해 인지를 생략합니다.
이 도서는 2021 경북 예술인 창작활동 준비금 지원 사업으로 발간되었습니다.

값 10,000원

GACF 경북문화재단

허공에 기대다

박경화시조집

시인의 말

사랑은 늘 먼 곳에서 가물거린다.

그를 쫓아 희망과 절망의 징검돌을 건너면서
여기까지 왔다.

시가 그렇다.

언제쯤 저 강의 물과 자갈처럼 한 몸이 되어 구를까?
그 물음표를 던진다.

2021년 겨울
박경화

CONTENTS

허공에 기대다

— 박경화 시조집

PART 03 | 봄날은 간다 • 49

PART 04 | 꽃자리 • 69

천년 꽃잠

허공에 기대다 -현진건의 집터에서

금장대

검결을 읽고

남천의 돌

빙하기를 읽다

검은 산

양남 주상절리

천전리 각석

맥을 읽다 -관가정에서

소녀상

연극 '봉선화'

염원 -이육사 생가 터

어성산 봉황애

초상화 -아랑

서촌마을

섬, 가야에서

큰 별 지다

01

허공에 기대다

–현진건의 집터에서

어설픈 눈썰미로 헤매 돌다 찾은 골목
탁류를 건너가던 한 작가의 허기 채운
담 밑에 웅크린 샘터 너겁에 묻혀 있다

묵은 낙엽 덤불 아래 새끼 밴 몸 숨겨 놓고
길고양이 한 마리가 낯선 발길 경계한다
빈처의 코 닳은 신발 끄는 소리 들은 듯

무젖은 생 열람하듯 번지는 먹빛 하늘
일장기 지우던 손 못다 채운 원고지가
행간을 펄펄펄 난다, 흰 두루막 깃을 턴다

길 위에서 길을 잃어 허공에 기댔을까
소용돌이 물굽이에도 끝내 젖지 않은 옷깃
서녘에 푸른 별 하나 양각으로 빛난다

금장대

서천 북천 서로 만나 얼싸안은 예기청소
등 붉은 두리기둥 구름 속 서가래 얹어
먼 시간 활시위 당겨 천년 꽃잠 깨운다

묵향 밴 누마루에 솔 그늘 둘러놓고
혜윰의 담론 찍어 난을 치고 현을 켜던,
주춧돌 금이 간 채로 억새풀만 난발이다

닳고 깎인 돌 하나도 별이 되는 이 자리에
전설을 껴안은 듯 우뚝 선 금빛 무대
아득한 새천년 너머 쇠북소리 들린다

검결*을 읽고

펼쳐 든 행간에서 눈길 멈춘 칼의 노래
한 줄기 곧은 빛이 풀뿌리에 닿았다는,
그 맑은 나무의 음성 낮고 깊게 울린다

횃불을 들고 나선 민초들을 다독이다
용천검 휘둘러서 하늘 문 여는 소리
산새들 천 리 밖에서 귀를 모아 들었던

걷어차인 말발굽에 무수장삼 찢어져도
처연히 목을 꺾어 언 땅에 흩뿌린 피
용담 골 새벽을 깨워 폭포로 일어선다

*민병도 선생님의 시조.

남천*의 돌

물길에 차이고도
움켜잡은 저 강바닥

천년토록 뼈를 깎아
귀가 환히 열렸나

기파랑 애도는 노래
달빛 불러 듣는다

*반월성을 끼고 도는 내.

빙하기를 읽다

창의문 에둘러서 거닐던 시인의 언덕
자드락 찻집에서 모과차 한 잔 놓고
한 청년 깊고 단아한 그 눈빛과 마주한다

한낮에도 캄캄하다 지하 벙커 닫힌우물*
나무 걸상 곧추앉자 죄어오는 피비린내
뜨거운 함묵의 서시 빙하기를 읽는다

맥없이 스러져간 조선의 곧은 소나무
뼈가 하얀 자화상을 머리 숙여 짚어 갈 때
별 하나 먼 시간 도슬러 북두에서 빛난다

*윤동주 문학관 제3 전시실, 일제강점기의 후쿠오카 형무소를 연상하게 하는 곳.

검은 산

백률사 품에 안고 천 년을 지켜온 산
한 개비 담뱃불에 잿더미 되고 난 후
탈진한 제 가슴 열어 풀씨들을 부른다

쓰러진 소나무 사이 넘나드는 산 다람쥐
꽃샘바람 귀엣말을 부지런히 전했는지
검은 땅 헤집고 나온 연둣빛이 가뿐하다

새소리 사라져도 다시 봄은 찾아오고
낮은 봉분 곁에 앉아 새 일기 쓰는 풀꽃
숲 그늘 앗아간 사람 용서한다고 적을까

양남 주상절리

용화에 닿기 위한
뜨거운 저 몸부림

파도의 손끝으로
피워 낸 연꽃 송이

먼 수평 노을을 불러
세상 풍파 재운다

천전리 각석

별에서 온 아이들이
귀신고래 등을 타고

밤새워 고기잡느라
돌아가지 못했나 봐

얼떨결 바위에 숨은
발가락뼈, 허옇다

맥을 읽다
—관가정*

시계도 지도도 없이 떠나고픈 그런 날
일찍 등진 고향 같은 양동마을 찾는다
내 안에 윤기가 돈다 목향에 젖는 오후

병인년 대 가뭄엔 서슴없이 곳간 열고
녹봉 모아 놓은 다리 만세교 오랜 전설
청백리 흰 옷자락은 펼칠수록 품이 깊다

수백 년 제 무게에 굽은 허리 뒤틀려도
맵찬 바람 헤쳐 나온 향나무 푸르른 빛
우재의 맥이 흐르는 숨결 슬몃 읽는다

걸태질로 움켜쥔 손 뱃구레만 늘리다가
왕대 숲 으름장에 머리 숙여 들은 말씀
하마나 꽃피울지언정 속 채우지 않는다

*조선 중종 때의 문신, 우재愚齋 손중돈孫仲暾의 옛집.

소녀상

살을 에는 소한 무렵
2 · 28 공원 길섶

누군가 씌워놓은
털모자 노란 목도리

볼이 언 우리의 누이
눈빛 외려 초롱하다

연극 '봉선화'

1.
검정치마 나풀대는 갈래머리 앳된 소녀
젖멍울 돋는다고 시집가라 놀려 대자
봉선화 꽃 물든 볼우물 나뱃뱃이 웃는다

2.
총칼도 방패도 없이 맨몸으로 내던져진
들짐승 떼 군홧발에 짓밟힌 살품 노역
생잡이 난도질하던 사티로스 고발한다

3.
길은 또 끝 모를 나락 앞섶 이냥 짓무르고
막이 채 끝나지 않는 무대 위 옛집 뜨락
잎 다 진 목마른 꽃대, 비목처럼 서 있다

염원

–이육사 생가 터

한 시대 들끓던 피
하얀 뼈로 흩어지고

제 집인 양 뿌리내린
망초꽃 왁자해도

무궁화 활짝 핀 반도半島
손꼽아 기다린다

어성산 봉황애

폭우에 뭇매 맞아
정강이가 다 찢겨도

꼿꼿이 새운 허리
절대 굽히지 않고

내 안에 장군*의 충절
뼛속 깊이 새긴다

*어성산 전투에서 박경선 장군이 왜장과 전투를 벌이다 부상을 당하자 왜장을 붙잡고 함께 부엉데미(동창천 깊은 소)에 몸을 던져 전사했다고 전해진다.

초상화

–아랑

초사흘 상현처럼 서늘히 깊은 눈매
가녀린 몸 감싸주는 조명등 은근해도
홍치마 사뿐 올리고 유리 동굴 나선다

연꽃잎 버는 소리에 수백 년 귀잠 깨어
명주고름 고쳐 매고 버선발로 자박자박
움켰던 두 주먹 풀고 새벽 강을 건넌다

서촌마을*

어깨 맞댄 옛집 따라 굽은 골목 들어서자
담 아래 빈 의자에 웅크린 한 잎 낙엽
가을볕 도타운 손길 기다리고 있었다

인왕산 치마바위 먼발치로 바라보다
옷고름 젖어 지낸 저 좁고 여윈 뒷등
하마나 궐문 열릴까 덴 가슴만 조이던

*중종의 妃, 단경왕후가 폐비되어 살던 곳.

섬, 가야*에서

옛 신라 이웃 나라 가야가 여기 있네
보르네오 서쪽 하늘 받쳐 든 야자수 아래
잔잔한 비색 물빛조차 남쪽 바다 닮았네

산호초 손짓 따라 춤을 추던 고기, 니모
아는 채 다가와서 오물오물 말을 거네
서늘히 깊은 눈동자 송현이를 보았네

천 년 너울 건너와서 금빛 띠고 환생했나
먼 전생 묻는 안부 미처 못 읽었지만
바다는 자유로운지 몸짓 저리 가볍네

*말레이시아 사바 주의 무인도.

큰 별* 지다

황악산 큰 별 하나 유성을 그리다가
길 없는 허공으로 흔적 없이 사라진 날
하늘도 망연히 젖어 울먹이고 있었다

한뉘를 3장 6구 시詩밭만 일구시다
비안개 등을 타고 서쪽으로 날아간 학
직지사 법고 소리가 만장처럼 따른다

*백수 정완영 선생님.

불혹을 낚다

02

소나무, 난독難讀

바위틈 뚫고 나와 솔기 터진 만지송이
오체투지 걸어온 길 자서전을 쓰고 있다
생채기 아물 새 없이 누런 진물 흐르는

올곧게 서지 못해 뒤틀어진 몸을 던져
허공에 써 내려간 선이 굵은 육필원고
가혹한 저 필력 앞에 산도 키를 낮춘다

어디까지 내려서야 속 깊은 바닥에 닿아
하늘 향해 읍소하는 푸른 경전 읽어낼까
필 남짓 저녁노을에 안경 벗어 닦는다

무당거미의 하루

고층 빌딩 허리춤에 매달려야 사는 남자
악, 비명 움켜쥐고 검은 줄 풀어낸다
마른 땅 그 어디에도 순하게 못 닿은 발

잘 닦으면 에움길도 허리 펴고 일어설까
경계 없는 길 더듬어 지문 닳은 양손 펼쳐
제 속의 허물을 닦듯 뽀득뽀득 닦아 낸다

앙가조촘 굳은 몸을 내려놓는 저녁마다
허방 짚는 꿈자리에 뒷등이 축축해도
또다시 하루를 딛고 허공 위를 걷는다

불혹을 낚다

해를 삼킨 먹구름이 갈마드는 형산강 변
중년의 한 남자가 낚싯대 매고 나와
하루를 선 채로 말아 수초 너머 던진다

감원 바람 회오리에 선잠마저 빼앗기고
가풀막 벼랑에서 불혹이 휘청 일 때
그토록 펴고 싶었던 꿈을 다시 낚는가

빈 구럭 끼고 앉아 깜박 조던 잠시 잠깐
간만에 월척인지 양미간이 꿈틀한다
잠자던 찌가 떨리자 핸드폰도 따르릉!

벽화 그리는 남자

팔레트 대신하여 페인트 통 펼쳐 놓고
걷어붙인 팔을 뻗자 불끈 서는 푸른 정맥
태 묻은 늙은 마을에 해바라기 꽃피운다

아침을 깨워주던 파도마저 지쳐갈 때
대대로 이어온 터 미역 어장 쓸려가고
적조 낀 전촌 바닷가 제 살 깎는 몽돌들

돌보다 더 단단한 제 무게 견디면서
엇나간 화가의 길 꿈에 걸친 외투라고
짠 해풍 맞받아치며 흰나비 떼 부른다

그늘의 뒤축

재개발에 발목 잡혀 주저앉은 골목 안집
외눈박이 가로등도 핏기를 잃어 간다
대봉동 터줏대감이 폐지 속에 묻혀 살던

미닫이 귀를 잡고 살천스레 바람 칠 때
먼저 떠난 할멈 생각 시린 등 뉘던 그림자
근근이 이어진 명줄 땅거미가 물고 있다

웅크린 어둠 속에서 뒤늦게 발견된 주검
저녁 뉴스 달뜬 목청 적막 한 채 뒤흔들고
외면한 피붙이보다 구급차 먼저 달려온다

별을 낳는 여자

성동시장 한 귀퉁이 간판 없는 수선 집
홀로된 혁이 엄마 재봉틀 끼고 앉아
오늘은 청바지 오려 별 하나를 덧댄다

지나가는 눈길들은 안중에 없다는 듯
여윈 민낯 푹 숙인 채 달달대는 외발 아래
숨은 듯 엉킨 넋두리 적금처럼 쌓인다

외아들과 하루하루 턱걸이로 버티면서
짝진 몸에 걸친 남루 벗을 날 하마 올까
하굣길 힘찬 발소리 북두성이 돋올하다

을의 자리

이팝나무 가로수와 마주 보는 '만능 수선'
반 평 남짓 바람벽에 박제된 새 떼 같은
해 묵은 열쇠 꾸러미 묵언 기도 자못 깊다

자동문 전자키에 묵은 자리 빼앗기고
뜨건 숨 삭이면서 애먼 시간 곱씹는다
그 아래 굽 닳은 구두 곁눈질로 이웃 되고

몇 천 원 수선비에 무릎 펼 새 없는 노인
끼 때 놓친 오후 두 시 불어 터진 면발 위로
골 주름 깊게 팬 입가 이팝꽃 웃음 희다

별을 찾다

지하철역 출입구에 불시착한 떠돌이별
거적때기 한 장 없이 젖은 몸 굽실대며
층층의 계단 위뜸에서 탁발수행 하고 있다

시린 무릎 파고드는 먼 행성 바람소리
낡삭은 운동화를 피붙인 양 끌어안고
또 다른 별을 찾는 듯 곱은 손을 펴든다

자오선 그 끝에서 맞이하는 허기진 저녁
도시의 잰 걸음들 제 빛 한 줌 못 내지만
두루미 은빛 날개 털고 깡통 속에 깃든다

서편제 물이 들다

—청산도에서

북 장단에 춤을 추던 조붓한 저 소리길
영화의 명장면을 숨겨놓은 돌담 사이
한바탕 먼지바람만 휘몰이로 앞선다

눈 먹어야 눈뜬다는 한恨 맺힌 담금질에
핏빛으로 물이 들어 생목 꺾는 저녁 바다
파도는 득음을 향해 중모리장단 치닫고

굽이마다 빗장 걸려 억눌렸던 내 안의 북
번뇌도 내리치면 별빛처럼 멀어질까
목이 쉰 소 울음 끌고 황토마루 넘는다

벼락 맞은 비자나무

이 검은 상처는 죄, 벼락을 맞은 자리
번갯불 내리칠 땐 온몸 꽉 조였지만
하늘을 굽어 섬길 뿐 저어하지 않았다

수굿이 품을 열어 기다리는 땅이 있어
섬을 휩쓴 '태풍 차바' 그마저 달래놓고
달빛에 머리를 감고 천 년 숲길 다졌다

신열에 뒤틀린 다리 백 년 다시 건너와서
바닷바람 보듬어서 곱게 피운 꽃숭어리
한 구절 붉은 단경短徑을 속살 깊이 새긴다

설해목

추울수록 날이 서고 벼린 눈썹 더 꼿꼿이
설한풍 받아내는 도저한 노송 한 그루
만주벌 일송정에서 굳은 결기 다졌던

팔공산 봉은사 길 숨 가쁜 단애 딛고
조선의 자존심을 지켜낸 푸른 옷자락
단 한 번 비루한 티끌 허여한 적 없었다

정이월 가뭄 끝에 폭설 종일 내리던 날
침묵에 침묵으로 무릎 비록 꿇었지만
긴 팔뚝 굵게 선 힘줄 피는 멎지 않았다

아리산*삼대목

할아버지 팔 기대어 실하게 뻗어 있다
벼락도 비켜 가는 아비의 순한 눈길
뜨거운 가족의 서사시 초간본을 읽는다

천 년을 걸어와도 또 천 년을 건널 나무
길 잃은 별이 들면 섶이 되고 울도 되는
뉘 가문 자랑하지 말자 내 어깨에 힘을 뺀다

*해발 2,484m로 타이완 최고의 명산이다.

임하댐 독법

건들마 따라나선 해 질 무렵 댐 산책길
낮달이 쓰다가 둔 행간을 되작이다
콕콕콕 늙은 물오리, 사투리를 낚는다

낮은 데로 몸 낮추며 필사한 왕필본을
산 그림자 내려앉아 짚어보는 물의 화엄
유실된 모음 하나가 무릎 가만 내준다

고분고분 눈길에도 행여나 누가 될까
사계절 열린 문학관, 노자의 물 읽다 보면
문패도 사치였어라 옮기고픈 내 거처

권금성에서

가파른 절벽 따라 돌계단 올라서자
황금빛 띠 두르고 솟아있는 바위 궁전
오로라 성城 앞에 서서 세상 잠시 잊었네

권 씨 김 씨 살았다는 풍문만 남아있고
돌담 하나 쌓아 올린 흔적은 어디 없네
흰 눈 속 실로폰 타는 바람결이 되었나

붉디붉은 꽃구름을 불러 모아 지휘하던,
노을이 환상곡을 또 한바탕 연주할 때
그 손에 온통 이끌려 풀꽃으로 앉겠네

폐교에서 나를 읽다

녹슨 철문 들어서자 귀에 익은 사투리
웃자란 한삼덩굴 여름 꽃밭 왁자해도
참매미 목이 쉬도록 조무래기 부른다

단발머리 찰랑대던 기억 속 내딛는다
교실 문 밀쳤지만 완강하게 거부하고
삐거덕 관절 꺾이는 손목뼈가 시리다

반백 년 건너와서 늪이 된 시간 우물
겹겹이 고인 적막 바람마저 귀가 멀고
외다리 국기 게양대 저 홀로 늙어 간다

봄날은 간다

03

겨울 이야기

문풍지도 울다 웃다 밤 설치는 대한 무렵
귓불이 언 참새 떼가 발 동동 구르다가
사랑채 이엉 헤집고 머리 속속 박았다

큰 오빠 작은 오빠 장난기 슬슬 발동
꼬마전등 휘저으며 참새 잡이 나설 때
앞산 위 달도 거들어 마당 훤히 밝혔다

삼태성 이슥 하자 야참 한 상 들어왔다
"여자가 참새 먹으면 그릇 깬다 안 캤나"
꾀잠 든 내 등 뒤에서 엄마와 속닥속닥

어머니의 탁본

갠지스 늙은 강에 순례자가 이마 씻듯
참가자미 한 마리가 엎드린 댓살 채반
난 바다 푸른 이력을 맨몸에다 새긴다

해풍에 꾸들꾸들 말라가는 앙상한 뼈
긴 파랑 헤쳐 온 길 차마 다 쓰지 못해
아린 생 빗살무늬만 지문으로 남긴다

썰물 진 뱃가죽도 홀쭉하게 달라붙고
아흔넷 이랑 접은 잔잔한 수평선 너머
육 남매 품었던 자리 낙관 찍는 저녁 해

봄날은 간다

꽃샘추위 받아내며 견뎌낸 사월 뜨락
매화 향에 흠뻑 취한 나비춤 한창일 때
하 벌써 머리 하얗게 새어버린 할미꽃

홍안의 화관 머리, 한순간 꿈이었다고
멍석에 물레 놓고 명주실 타래 잣던
울 엄마 연분홍 치마 그 봄날이 또 간다

초승달

겨울나무 잔가지에
호밋자루 걸려 있다

저물도록 된비알 콩밭
허리 굽혀 매시더니

저 허공 은하수 너머
사래 긴 밭 또 있나봐

새의 지문

숫눈 내린 돌계단 옆 또렷이 찍혀있네
덩치 큰 진돗개도 짖지 않던 새벽 무렵
홀연히 먼 길 떠나신 울 어머니 발자국

겨울 담쟁이

점자판 짚어 가듯 어둔 길 헤쳐 간다
애옥살이 강파른 몸 한 땀 한 땀 옮기면서
허공을 그슬려 올라 별 꼬리를 잡는다

산다는 건 맨손으로 벼랑을 오르는 일
지문이 다 닳도록 새끼 꼬고 거름 치던
아버지 육십 년 생애, 자서전을 읽는다

하현달

그때도 저리 홀로 외로움을 견뎠나요
밤 깊은 남녘 하늘 핼쑥한 얼굴 하나
당신의 젖은 눈빛을 서늘하게 읽습니다

삼경이 이슥도록 가물대는 등잔 아래
무릎에 나를 뉘고 낮게 읽던 유충렬전
빈 하늘 쪽문 사이로 그 음성을 듣습니다

하늘마루*에서

선달그믐 더딘 밤을 끝내 넘지 못하고서
톱아 온 짧은 한 생 실낱같은 끈을 놓자
앙상한 겨울나무에 갈까마귀 울고 있다

뜨거운 벽 뒤에서 누가 먼 길 재촉하나
마지막 헛손질이 자꾸 눈에 밟히는데
먹구름 허공을 딛고 길 없는 길 떠난다

뼛속에 묻었던 말 하마 풀지 못하고서
멈춰버린 시간 앞에 앙가슴 내리쳐도
울 오빠 대답 대신에 궂은비를 뿌린다

*장례식장.

어머니

움켜쥐고 있었지만
다 내 것 아니라고

젖 물린 기억마저
바람에게 내어주고

남은 건 하얀 재 한 줌,
한 생의 압축파일

부득이

깁스 한 오른팔 대신
왼손이 쓴 방명록

비뚤비뚤 지렁이 길
지켜보던 작은아들

저만치 가다 돌아와
덧붙여준 '부득이'

새해

수첩에서 지우려다
또 넘기는 전화번호

이승에 없는 이름
숨은 듯 살고 있다

함부로 자를 수 없는
너는 아픈 생인손

색즉시공

얼굴 좀 자주 보자
산다는 거 별거 있나

며칠 후 친정 조카
뜬금없는 전화 한 통

아침에 문 열어보니
가셨어요, 자는 듯이

병실 일기 1
–어머니

탯줄 물고 왔다가 링거 줄로 떠날 것을
줄 한번 온전하게 서 보지 못했던 길
톱아 온 길이 그랬듯 "되다, 되다" 하신다

병실 일기 2
—큰오빠

한생을 지고 온 무게 링거에 달려 있다
수액처럼 줄어드는 시간의 끈을 잡고
아직은 때가 아니다 도리질을 하면서

가래 끓는 거친 호흡 가는 줄로 이어가고
시퍼렇게 부은 손등, 명치를 짓눌려도
저녁은 새 울음 끌고 느릿느릿 가고 있다

메타세쿼이아 길

직선만 고집하는 당신의 외길 같은
겨울 속을 걸어가는 그늘진 내 안이다
소실점 없는 거리가 뒷등처럼 멀다

풍경風磬

여린 지느러미
다 닳도록 헤매다가

허공에서 울고 있다
길 잃은 저 물고기

바람이 달랠 때마다
더욱 섧게 우는 밤

모량부 여울을 건너다

서산을 넘는 해를 붙잡아 둘 수 없듯
한생이 저문 산마루 망연히 바라본다
붉었던 노을빛 사위고 어둠 이내 내린다

언덕 위에 무성하던 은행잎 물든 가을
잘 영근 알알들이 석양을 받고 있다
홀연히 바람 한 자락 가지마다 흔들고

카랑카랑 그 음성이 귓전에 쟁쟁하다
학처럼 훨훨 날아 먼 길을 떠나신 뒤
높푸른 하늘 가운데 하얀 낮달 떠 있다

*구림 이근식 선생님의 추모시.

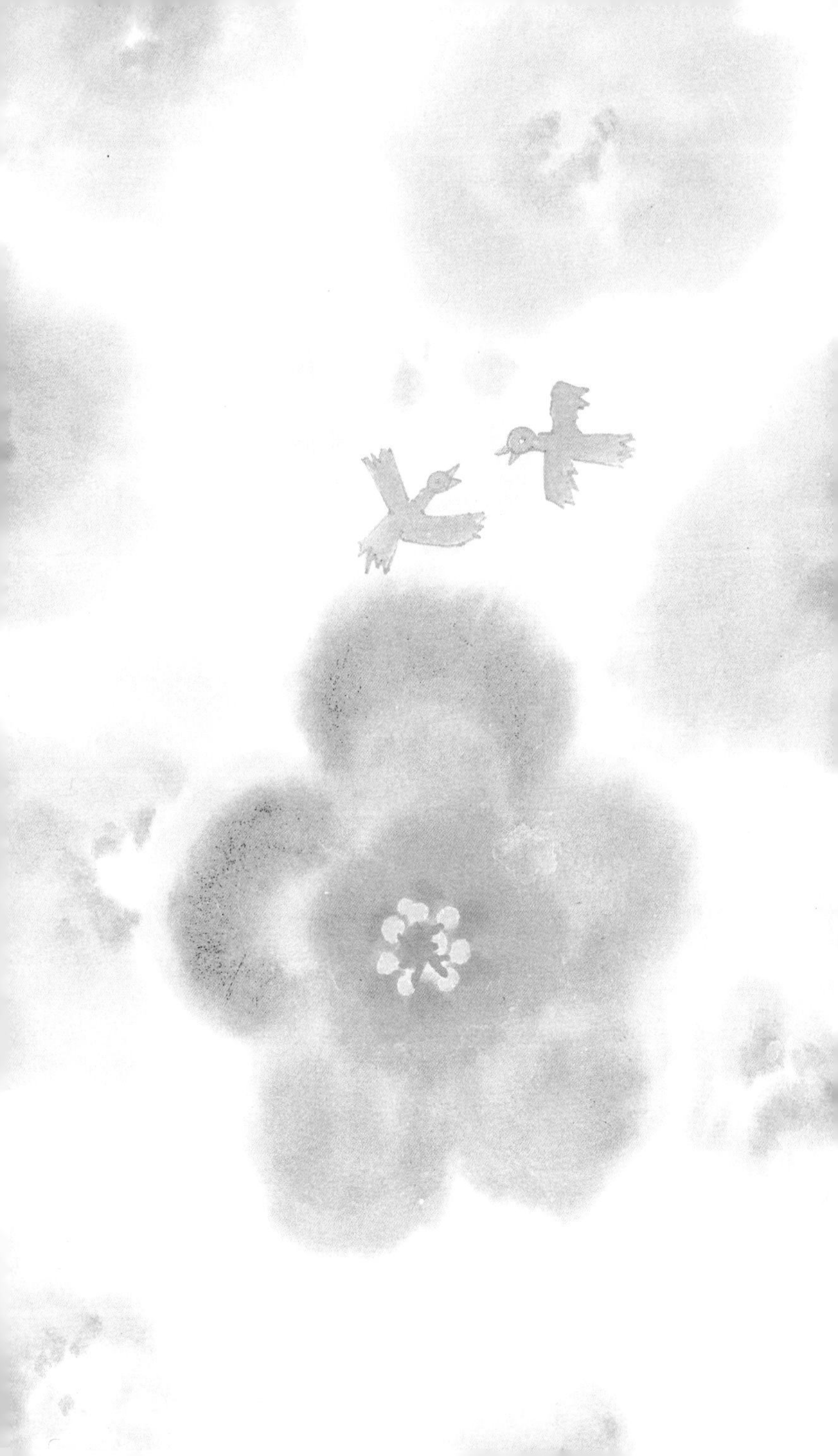

꽃자리

04

꽃자리

배낭 하나 걸쳐 매고 좌표 없이 떠나온 길
미황사 뜨락에서 자목련을 만났을 때
갓 벌은 꽃숭어리가 염화미소로 맞는다

대웅전 바라보며 합장하는 그 곁에서
여태껏 젖어 산 건 정작 내 탓이었다고
마침내 빗물 괸 가슴 내려놓을 수 있었다

땅 끝은 끝이 아니라 또 다른 시작이라고
돌아서는 등 뒤에서 경을 치듯 이르는 말
오던 길 돌아보지 마라! 선 자리가 꽃자리다

갯바위

올레길 혼자 걷다 날 저문 애월 바다
검게 멍든 갯바위가 물너울에 할퀸 채로
노을 끝 한 자락 적셔 제 가슴을 닦네요

엉킨 매듭 풀지 못해 끙끙대다 놓친 시간
발아래 부서지는 흰 파도가 실어 가요
그제야 트이는 가슴 잠시 숨도 고르고

입안에서 맴돌던 말 딸꾹질로 걸리는데
하루하루 삭이면서 사는 게 길이라고
힘들면 놓으라네요, 손깍지를 풀듯이

애먼 사랑

지척에서 애가 탄다
협재와 비양도 사이

올 수도 갈 수도 없어
붉게 울다 주저앉은

내게도 그런 섬 있지
꿈길에만 에도는

간절곶 편지
–소망우체통 앞에서

가슴 한 켠 묻어두고 그땐 차마 못 했던 말
흰 파도에 둘둘 말아 주소 없이 부치오니
머나먼 하늘 끝에서 그대, 이젠 받아줘요

회연懷緣

문패 바뀐 옛집 앞에 한동안 서성이다
맥없이 돌아갔다고 풍문으로 들었다
우연히 길을 걷다가 마주치고 싶은 사람

별빛 같은 그리움은 백신조차 없다는데
어쩌자고 꿈길에 와 안개 속을 헤매는지
희뿌연 서녘 하늘가 그믐달도 뜬눈이다

사랑니

꼭 다문 입속에도 엄연히 지분이 있어
빼곡히 한자리씩 뿌리내려 산다지만
애초에 변두리로 밀린 애먼 사랑도 있는 법

파헤쳐 보물 되는 유물은 아니어도
용암이 솟구치듯 뻗대보는 몸부림
사랑은 도려낸 자리 또다시 도지는 것

차가운 비명 없이 죽지 꺾인 생솔처럼
상처가 덧난 자리 메울 수 없는 흔적
나 아직 아물지 않는 먼 당신을 앓는다

아침 안개

완벽한 작전이다
총도 칼도 없는 전장

지척까지 포위했다
손쓸 수 없는 패전

사랑도 저 불가항력이면
포로라도 좋겠다

생이가래

종이컵에 고이 담겨 처음 내게 오던 이름
한순간 그 설렘도 멀어진 줄 알았는데
가을밤 시린 창가에 별이 되어 앉는다

유통기한 있습니다

목 가시는 병원 가서 핀셋으로 뽑았지만
그가 쏜 말의 화살 끙끙대다 놓친 시간
끝내는 곪아 터져서 봉인조차 못했습니다

뒤미처 읽지 못한 사람 사이 유통기한
에움길 함께 했던 지난날은 여기까지
해묵은 씨줄을 걷어 날줄 위에 던집니다

내 속을 후벼 파다 내 스스로 달래보다
늪인지 구릉 인지 분간 못해 헤맨 허방
그 상처 긴 터널 지나 옹이처럼 품습니다

발목의 반란

제 깜냥 다하려고 꼿꼿하게 버티다가
순식간 접질린 채 내 하루는 정전이다
거방진 무게에 눌린 낡삭은 저 굽다리

바람 숭숭 드나들어 푸석해진 늦가을쯤
퇴각로 들어선 길, 진물 단물 빠진 어귀
몸 끝단 징검돌 하나 쓰나미를 예고한다

귀 닳은 일기장에 붉은 밑줄 그은 그날
음지로 살아가던 밑뿌리가 흔들린다
불현듯 이마를 치며 깜박이는 적신호

이명

태풍에 휘둘리던
샐비어 꽃은 지고

자지러진 매미소리
주야장천 미어진다

귀 닫고 반쯤 무너진
달팽이가 살던 집

티눈

짬짬이 성질부리다 따리 튼 새끼발가락
살과 살 맞물려서 상처가 뿌리내린,
변방의 여줄가리가 또 한 차례 궐기한다

커터 칼로 후벼 판다 감자 촉 도려내듯
생떼를 쓰지 않으면 눈길조차 주지 않는
변명도 내 몸에 오면 무늬뿐인 부록이다

어느새 그 자리에 주춧돌로 박힌 옹이
소나무도 제 살 속에 한두 개는 안고 살터
이참에 불편한 동거, 외려 너를 품는다

밥솥, 궤양

탈이 날 징후였다 며칠째 설익은 속
엔간한 배탈에도 꾸역꾸역 안쳐놓고
애먼 쌀 타박만 하다 AS 병원 찾았다

때로는 소화불량, 신트림 자주 해도
미련하게 버티려는 나를 쏙 빼닮았나
그렇다 뜸 잘 드는 건 제 속 끓여 퍼주는 일

소리의 집

오래 품고 있으면 고름도 진주되나
달팽이 떠난 집에 왕매미 떼 소란하다
그 흔한 풀꽃 귀고리 걸어준 적 없던 귀

달 없는 허방 길에 도지는 어지럼증
두 귀를 쫑긋해도 자꾸만 헛디디고
매몰된 동굴의 안쪽, 회리바람 드세다

원시안遠視眼적 오류

기억과 나은 사이 그리 먼 줄 몰랐다가
반곡지를 박곡지로 시간 밖을 에돌았다
천지간 복사꽃 피고 눈은 자꾸 가물가물

시, 붉은

복숭아 캔 뚜껑이 손가락 확 베어 문다
검지는 습작도 없이 숨 돌릴 틈도 없이
날이 선 이빨 사이로 자음 모음 내뿜는다

손끝에 갇혀있어 웅성대던 시어들
막다른 길을 찾아 마른 행간 적신다
괜찮다 멈추지 마라! 한 획의 붉은 절명시

쓱

책장을 넘기는데
손끝이 따끔하다

칼 같은 문장 한 줄
흉내라도 내봤느냐

먼 스승 뼈 있는 죽비
흘림체로 읽는다

잔별 하나

05

여우콩

바닥으로 튕겨 나간 까만 여우 한 마리
또르르 구르다가 싱크대 앞 맴을 돈다
뜨거운 밥솥 피하려 꼼수 제법 쓰고 있다

휴지통 마다하고 식탁 끝에 올라앉아
눈치 빠른 콩새처럼 자꾸만 알짱알짱
벤저민 화분 한 견에 쥐어박듯 묻었다

죽은 듯 사나흘을 낌새 없이 지내더니
우주라도 다녀온 듯 파란 눈 깜빡인다
봄 햇살 목말을 타고 나 좀 봐! 흔드는 손

형산강 왜가리
—친구

다시금 둥지 틀까 노을 고운 서천에서
잠시만 떠났다가 환하게 깃을 털며
먹물 진 가슴을 닦고 돌아올 줄 알았다

하늘이 더 높아도 날갯짓 할 수 없던
시간의 쳇바퀴에 헛발질만 되작이다
끝내는 다 버려두고 칼바람을 마주한

부추기는 꽃바람에 버들개지 새움 돋고
물길 젓던 황포돛배 기폭 올려 타전한다
그 먼 땅 바이칼까지 소식 한 장 닿은 뒤

눈빛을 읽다

휭 날아든 곤줄박이 통유리에 머리 박고
파닥파닥 날개 치다 이내 쭉 뻗는 다리
지구는 한쪽 귀퉁이 금 가는 듯 휘청한다

별안간 상주 되어 뜨락에 고이 묻었다
또 한 마리 빙빙 돌며 저물도록 울다 간다
나 그만 죄진 것 같아 뒷덜미가 화끈하다

부처 앞에 비손하듯 잣 하나 올려놓고
한때 나도 깜깜하게 젖어 운 적 있었다며
참참이 불러 보아도 저어하는 눈빛이다

노을마저 심란하여 눈시울 붉어질 때
그제야 우리가 하나란 걸 알았을까
물고 간 배롱나무 끝, 잔별 하나 돋는다

뻐꾹 뻐꾹

긴 문장 유월 하순
숲 흔드는 독경 소리

머리 떼고 꼬리 접고
몸통만 거푸 읽는

절명시 불립문자가
만다라에 닿는다

판소리 공연

팽나무 무동 타고 왕매미 창을 한다
진양조로 흐르다가 가빠지는 자진모리
뚝 끊고 한 박자 쉬자 나뭇잎들 술렁인다

고수가 북을 잡고 어깨춤 들썩이듯
내 안에 속잠 자던 가락이 꿈틀댄다
때마침 여름 소나기 맞장구를 쳐대고

여태껏 남을 위해 노래 한 적 없었지만
건들바람 추임새에 묵었던 목청 풀어
심봉사 눈뜨는 대목 우듬지에 내건다

청보리밭 후렴구

구만리 바닷물을 수천 동이 퍼 날라서
살찐 오월 햇살 아래 질펀하게 퍼부었나
종달새 오선 줄 당기자 넘실넘실 춤을 춘다

저 푸른 악보 따라 보리피리 불고 싶다
돌아보면 한순간도 푸르지 못했지만
이쯤서 생의 하모니 후렴이라도 좋겠다

어떤 가출

포항 살던 박새 한 마리 겁 없이 무임승차
선반 위에 숨어들어 리무진 타고 간다
메숲진 지곡 그리워 뒤척이다 들켰다

깜짝 놀란 승객들이 스마트폰 눌러 대자
창틀에 살풋 앉아 또랑또랑 마주친 눈,
영일만 겨울바다가 출렁이고 있었다

변산바람꽃

봄 햇살 기다리는 산자락 시부거리
아기부처 조는 듯이 눈 속에 앉아있네
바람은 젖 물려놓고 살그머니 떠나고

동강할미꽃

연보라 개량한복 모처럼 차려입고
칠순 영감 팔짱 끼고 정선 장 따라 나선다
백구도 꽁지 흔들며 뒤따르는 강어귀

한 바퀴 휘돌아 와 다시금 태어나서
가난을 껴입어도 그 뉘를 또 만날까
해맑은 저 눈주름에 동강 허리 풀린다

계란, 꽃으로 피다

식은 밥 볶아놓고 프라이한 계란 하나
터진 노른자위를 에두르던 흰자위가
둥글게 끌어안는다, 상처도 꽃이 되는지

목청 놓아 홰치는 꿈 넘어서지 못한 채
뜨거운 불 위에서 맞이하는 마지막 길
온전히 저를 버리면 꽃이 되어 다시 오나

저렇듯 등 뒤에서 누가 깍지 껴 준다면
오롯이 하나 되어 사랑도 익는다고
개망초 곱게 핀 밥상, 햇살 스릇 앉는다

셀카

가을 햇살 도란도란
화단 가에 살폿 앉아

잔주름 감추려고
팔을 쭉 뻗었더니

과꽃이 당겨 앉으며
활짝 웃어 보란다

시선

떨어진 낙엽 하나
풀 더미에 숨었어요

다 버리고 떠나는 몸
숨길 게 뭐 있다고

지나던 바람의 손이
섶을 자꾸 들추네요

법고의 시간

해인사 늙은 북소리
산을 들어 올린다

비워야 깊게 내는
저리도 맑은 게송

늦은 밤 홀로 돌아와
물소리로 앉는다

보살

실상사 해 질 무렵 대웅전 뒤 붉은 노을
팔각모 석등 안을 환하게 밝혀 놓고
천년을 그르지 않고 합장하고 간다네

해토머리

땅에 묻혀 있다고 다 죽은 건 아닌 갑다
등을 쿡 밟았다가 댓바람에 넘어졌다
완석頑石도 따순 볕 겨워 살아 꿈틀, 하는 봄

첫눈

하양에 눈 내리면
겨울도 왠지 따스해

햇살을 든 바지랑대,
솜이불 널었다가

온돌방 아랫목에 깔아
시린 두발 묻은 듯

시詩 항아리*

오가는 시선 잡고
한 호흡 쉬라 한다

곁을 둔 등걸의자
앉아보라 권하다가

메마른 가슴 적셔 줄
시 한 송이 건낸다

*서울 시청 앞 지하철 3번 출입구 한 모퉁이에 시를 돌돌 말아 담아 놓은 큰 항아리가 있다.

아름다운 동행

해 뜨는 서라벌의 화랑으로 태어나고
달 밝은 달구벌의 원화가 서로 만나
백년을 해로하자며 두 손을 꼭 잡습니다

강물이 서로 만나 큰 바다에 이르듯이
둘이 하나 되어 함께 노 저어 갈 때
눈부신 수평선 너머 금빛 세상 열립니다

이제 이 두 사람은 믿음과 사랑으로
비바람 몰아쳐도 잡은 손 놓지 않고
영원한 동행이 되어 한 곳을 바라봅니다

*큰아들 결혼식 축시.

작품해설

06

치밀한 관찰력과 사유를 통한 탐험가적 세상 읽기

민 병 도 | 시인

1

생명, 또는 탄생이 갖는 존엄과는 관계없이 삶의 현실은 마냥 결실과 성취로 이어지는 환상의 연속극이 아니다. 고개를 넘었나 싶으면 강이 가로막고 만남이 가져온 기쁨이 채 가시기도 전에 이별의 슬픔이 기다린다. 새로운 하나를 가지려면 가졌던 하나를 놓아야 하고 새로운 한 시간을 얻으려면 내게 남은 한 시간과 바꾸지 않으면 안 된다. 그렇게 삶은 희망과 절망, 기쁨과 슬픔, 소유와 무소유의 모자이크일 뿐이다. 그러기에 자신의 삶을 경영한다는 것은 자신의 의지와는 상관없이 일정한 프레임 속의 모색에 지나지 않는다. 물론 이때의 모색이란 형이상학적 범주에 해당한다. 소위 정신적인 범주의 이상과 현실 사이의 균형을 위하여 때로는 채우기도 하고 때로는 비우기도 하게 된다. 하지만 그것이 정신적인 영역이기에 잔을 비우듯 간단명료하게 분리되지 않는 것이 삶의 또 다른 속성이기도 하다. 우선순위를 정하기도 어렵지만, 선택

자체부터 장애가 되는 수많은 유혹 앞에서 처음에 가졌던 가치를 지켜나가는 것은 그러나 결코 쉬운 일이 아니다. 이럴 때를 대비하여 사람들은 억울하지 않으려고 자신만의 계산법을 고안하게 된다. 물론 자기만의 계산법이기 때문에 상대적으로 결코 손해 보는 일이 없는 마음 저울을 가지는 것이다.

이 저울만 가지면 하루 치 양식은 물론이려니와 산이며 강, 하늘의 달도 별도 잴 수가 있다. 이 저울만 가지면 지위도 권세도 부질없으며 행복도 불행도 요량할 수 있고 마침내 죽어도 죽지 않는다. 이 저울을 가지려고 사람들은 철학을 가지고 종교를 가기고 더러는 시를 쓰기도 한다. 굳이 매슬로(A. H. Maslow)의 '욕구의 5단계설'을 인용하지 않더라도 이 같은 욕구의 충족과정은 인간이 닿을 수 있는 자신과의 마지막 화해 과정에 해당한다. 더욱 생각의 지평을 넓혀야 하고 보다 자신의 참모습에 경건해야 하고 보다 유장한 시간의 흐름에 저항 없이 편승해야 마땅하다. 이것이 우리가 시를 읽는 이유이고 이것이 시를 쓰는 까닭이다. 우리가 한 편의 시를 읽으면서 시인이 전하고자 하는 메시지의 진솔함을 헤아리는 이유가 여기에 있다.

2

박경화 시인이 첫 시조집『허공에 기대다』를 묶었다. 그는 이미 자유시로 2007년《문학 시대》신인상에 당선되었고 2016년에는『채석강, 독법』이라는 자유 시집을 내었으니 만만치 않은 문단 경력을 가지고 있다. 그런 그가 시조로 장르를 바꾸어 2016년《시조 21》신인상으로 재등단하여 5년여 만에 시조집을 출간하였으니 마침내 국시國詩인 시조에 닻을 내린 셈이다.

전체를 5부로 나눈 84편의 시편들을 일별해보면 그간의 시적 상상력과 현실적으로 취사선택한 언어들이 근엄하리만치 서늘한 외양에 자세를 바르게 하는 기운이 느껴진다. 여기에는 대체로 역사적 현장에서의 관찰과 사색을 중심으로 한 1부와 생활 현장에서의 다양한 생각과 성찰을 묶은 2부, 혈육 간의 애틋한 감성과 반성적 시간 읽기의 3부, 인연의 소중함을 다룬 4부와 보편적 삶의 일상에서의 기도와 자각이 중심인 5부로 묶어져 있다. 따라서 시인이 의도한 메시지를 읽어내기에도 편리하게 편집이 되어 있다.

다만 이번 시조집의 첫 번째 독자로서 시집의 순서와는 상관없이 독자의 이해를 돕기 위해 필자의 임의대로 읽어보고자 한다. 그 우선 순서로 선택한 것이 단시조이다. 왜냐하면, 단시조는 시조의 기본형이기 때문이다. 기본자세를 어떻게 취하고 있는가 하는 점은 전체의 수준을 가늠하는데 적잖은 암시가 되기 때문이다.

먼저 눈길에 와 닿는 작품은「천전리 각석」이다.

별에서 온 아이들이
귀신고래 등을 타고

밤새워 고기잡느라
돌아가지 못했나 봐

얼떨결 바위에 숨은
발가락뼈, 허옇다
—「천전리 각석」 전문

너무나 많은 시인이 작품을 쓴 소재 가운데 하나이다. 소재만으로 보자면 신선하다고도 하기 어렵고 새롭지도 않다. 오히려 그렇기에 비교 대상이 될 수가 있다.

천전리 각석은 울주군 대곡천에 있는 선사시대 바위그림으로 국보 제147호로 지정된 유적이다. 계곡 한쪽의 바위 면을 바탕으로 마름모꼴, 물결무늬 등 다양

한 기하문양과 동심원, 회오리문양과 함께 가면과 같은 사람 얼굴과 사슴과 고래, 용과 같은 동식물 그림이 새겨져 있다. 게다가 훗날 신라의 화랑들이 새긴 것으로 추정되는 글씨와 이름, 간지, 관명 등이 이채로운 특징을 지니고 있다.

우선 이 작품에서는 흔히 상상할 수 있는 오양 묘사나 식상한 감정처리를 따르지 않아서 좋다. 오롯이 수천 년을 되돌아간 선사의 한 시점에서 생명의 경건함과 최선을 다하고자 한 시대의 삶을 만나고 있다. 배도 없이 작살도 없이 오로지 나무 작대기와 풀 끈으로 생명의 양식인 고기를 잡겠다고 "귀신고래 등을 타고" 바다로 나서는 아이들이야말로 "별에서 온 아이들이" 아니었을까. "밤새워 고기 잡느라/ 돌아가지 못"한 채 날이 밝아 "얼떨결 바위에 숨은/ 발가락뼈. 하"얀 아이들을 찾아낸 시인의 상상력과 감성이 소름이 끼칠 정도로 서늘하다. 군더더기 하나 없이 암호처럼 시공을 확장해놓은 언어의 힘이 느껴지는 작품이다. 이런 것이 단시조의 힘일 것이다.

해인사 늙은 북소리
산을 들어 올린다

비워야 깊게 내는
저리도 맑은 게송

늦은 밤 홀로 돌아와
물소리로 앉는다
—「법고의 시간」 전문

제목과 시구절에서 알 수 있듯이 해인사 법고法鼓 소리를 들으며 불심의 깊이를 가늠해보는 장면이 선연한 작품이다. 짧은 시들이 대부분 이야기 전개보다 이미지의 확장에 집중하기 마련이지만 이 작품 속의 장면들은 특히 방편의 역할에 충실하다. 초장의 "해인사 늙은 북소리/ 산을 들어 올린다"에서처럼 사실을 사실대로 묘사하면서도 "산을 들어 올린다"와 같은 중첩된 의미의 공간을 확장함으로써 선禪과 속의 대비를 끌어내고 있다. 그리고 그것은 "비워야 깊게 내는/ 저리도 맑은 게송"의 하나임을 드러냄으로써 '자비'로 특징 지워지는 불교의 사상을 함의해 보이기도 한다.

물론 여기서 이 게송으로 "산을 들어 올"리는 "늙은 북소리"는 무위가 아니라 유위有爲, 즉 사람의 발심에서 비롯된다. 어쩌면 그것은 자연의 섭리나 자정 능력과는 아무런 상관이 없는 신앙의 영역일는지 모른다.

그런데도 수천 년의 시간 동안 이 같은 발원은 지속하여 왔다. 그리고 은밀한 대답을 보내준다. "늦은 밤 홀로 돌아와/ 물소리로 앉"으며 말이다. 사람의 발심으로 떠나보낸 북소리가 늦은 밤 물소리로 돌아와 앉는 이치를 꿰고 있다면 대체 얼마나 신령한 마음 저울을 지닌 것일까.

이 작품에서 우리가 또 한 가지 살펴볼 것은 단시조 3장의 구성 요소를 완벽하리만치 잘 배분한 장별 역할이다. 초장의 도입과 정황, 중장의 전개와 물음, 종장의 대답과 결론이 가히 단시조의 전범이라 해도 좋을 만한 구성력을 갖추고 있다.

물길에 차이고도
움켜잡은 저 강바닥

천년토록 뼈를 깎아
귀가 환히 열렸나

기파랑 애도는 노래
달빛 불러 듣는다
―「남천의 돌」 전문

'반월성을 끼고 도는 내'라는 주註가 붙어 있는 작품이다. 이 작품 또한 박경화의 역사 읽기의 또 다른 궤적이다. 외형으로만 보면 서라벌의 외곽에 있는 반월성을 끼고 흐르는 '남천'에 비친 달빛을 마주하는 풍경이되 시인의 상상력 깊은 감성이 잘 용해된 작품이다. 처음에는 흐르고 그치기를 반복해온 남천의 물살과 강바닥을 보다가 천년의 시간을 거슬러 신라의 시간과 만나다가 마침내 충담사가 왕에게 지어 바친「찬기파랑가」에 등장하는 달빛을 만나게 된다. 상상력이 깊이가 얼마나 깊고 먼 시간을 아우를 수 있는가를 잘 보여주고 있다.

월명사가 지은 신라의 향가「찬기파랑가」에는 '기파랑'의 용모와 기백과 의지가 비유적으로 잘 표현되어 있지만, 사실은 삼국유사 그 어디에도 '기파랑'의 세세한 면모는 전해지지 않는다. 그런데도 지식과 논리를 넘어 향가 속에 남은 역사의 향기와 인품의 넉넉함이 상상 공간을 꽉 채우고도 남는다. 어쩌면 이 또한 자신의 마음 저울을 공정하게 하고 흔들림 없는 사유 안에 머무를 방편이 아니겠는가.

그런가 하면 소리로 만나서 시공을 초월하는 다음과 같은 시편도 있다.

긴 문장 유월 하순
숲 흔드는 독경 소리

머리 떼고 꼬리 접고
몸통만 거푸 읽는

절명 시 불립문자가
만다라에 닿는다
–「뻐꾹 뻐꾹」 전문

이 작품 역시 시적 상상력을 통해서 확장해내는 삶의 질적인 깊이와 가치 질서가 비범한 이상향을 지향하고 있다. 표면에 등장하는 시적 동기는 "뻐꾹 뻐꾹" 울어주는 뻐꾹새의 울음소리 하나다. 그것도 낮의 시간이 가장 긴 "유월 하순"에 "숲을 흔"들며 마치 "독경"처럼 들려오지 않았던가. 다른 새들처럼 조잘거리는 것도 아니고 마치 "머리 떼고 꼬리 접고/ 몸통만 거푸 읽"듯이 단순하면서도 명료하고 굵고 깊게 울어대는 사연은 무엇일까. 시인의 체험공간과 겹쳐지면서 시공을 초월한 만법귀일萬法歸一의 사상적 기저에 슬그머니 발을 들여놓는다.

그것은 결코 문자로 일으키지 못한 심오한 의미이거

나 죽음에 이르러서도 도달하지 못한 절명 시가 갈 수 없는 만다라曼陀羅의 경지가 아닐까 추정한다. 만다라는 불법에서 모든 덕을 두루 갖추었을 때 나타내는 둥근 원이 아니던가. 그러므로 이 작품 종장의 후구 "만다라에 닿는다"라는 사상적으로나 실상에서 어떤 모습을 보이게 할 때 구성하게 될 그 어떤 요소도 빠짐없이 두루 갖춘 완전한 상태에 이른다는 뜻이 된다. 뻐꾹새라는 한 마리 날짐승의 울음소리에서 만다라의 경지를 유추해내는 사색과 사유의 깊이가 돌올한 작품이다.

지금까지 박경화의 단시조 몇 편을 읽어보았다. 그의 짧은 시편들은 그러나 상당한 사유의 깊이와 은유의 힘을 바탕으로 하고 있다. 서정에 뿌리를 두고 있으면서도 아취에 흔들리지 않고 전통의 가치에 기대면서도 새롭게 접근할 가치 질서를 겨냥하는 자세가 예사롭지 않다.

3

단시조를 통해서 시조가 지닌 단아하고 정제된 형식미 안에 깊은 사색과 사유를 입사시켜 완성미 높은 격조를 성취한 것과는 별개로 박경화의 보편적 관심은 역사의 시간을 거슬러 미래를 유추하고자 하는 노력에 있다. 이번 시조집의 제1부는 대부분이 역사의 현장에서 관찰하고 사색하면서 얻어낸 작품들인 것만 봐도 결코 우연만은 아니다. 그렇다고 지나간 역사를 톺아 읽으면서 그 시대를 진단하고 사건을 밝혀내고자 하는 까닭에서가 아니다. 다만 사실을 사실대로 파악하고 가감 없이 진단하여 다가올 미래의 시간에 충실하기 위한 방편으로 읽힌다.

어설픈 눈썰미로 헤매 돌다 찾은 골목
탁류를 건너가던 한 작가의 허기 채운
담 밑에 웅크린 샘터 너겁에 묻혀 있다

묵은 낙엽 덤불 아래 새끼 밴 몸 숨겨 놓고
길고양이 한 마리가 낯선 발길 경계한다
빈처의 코 닮은 신발 끄는 소리 들은 듯

무젖은 생 열람하듯 번지는 먹빛 하늘
일장기 지우던 손 못다 채운 원고지가
행간을 펄펄펄 난다, 흰 두루막 깃을 턴다

길 위에서 길을 잃어 허공에 기댔을까
소용돌이 물굽이에도 끝내 젖지 않은 옷깃

서녘에 푸른 별 하나 양각으로 빛난다

—「허공에 기대다」 전문

이 작품은 '현진건의 집터에서'라는 부제에서 보듯이 소재의 현장을 특정해주고 있다. 그뿐만 아니라 이번 시조집의 표제를 이 작품에서 채택한 것만 보아도 남다른 애정을 읽을 수가 있겠다. 『빈처』, 『무영탑』의 작가로 잘 알려진 현진건은 원래 대구 태생이지만 서울의 인왕산 기슭에서 작품활동을 하다가 생을 마쳤다. 그는 일본에서 공부하였음에도 친일문학에 가담하지 않았을 뿐만 아니라 결코 항일정신을 굽히지 않았다. 특히 이 시조의 무대인 '현진건의 집터'는 손기정 선수 일장기 말소사건을 의논하던 장소이자 그로 인해 해직된 채 가난과 결핵을 술로 달래다가 유명을 달리한 역사적인 장소이다.

문제는 그런데도 현재는 그가 살던 집이 철거되고 축대 모서리에 '현진건 집터'임을 알리는 빗돌만 남아 있어 보는 이들로 하여금 안타까움을 자아내고 있다. 견지 자의 한 사람으로서 담담히 바라보는 화자의 복잡하면서도 절통한 심경이 행간마다 묻어나 있다.

첫수에서는 쉽게 다가설 수가 없어 "헤매 돌다 찾은 골목" 어귀에서 "너겁에 묻"인 채 발견한 "담 밑에 웅크린 샘터"의 을씨년스러움이 모든 정황을 대변해 주고 있다. 둘째 수 역시 "새끼 밴 몸 숨겨 놓고" "낯선 발길 경계"하는 "길고양이"를 등장시켜 황량한 주변 환경을 구체화 시켜놓고 있다. 아마도 현진건이 처절히 뚫고 나가려 했던 일제강점기의 여러 정황과도 맞물리고자 한 의도가 아닌가 짐작된다. 그리고 셋째 수에 오면 비로소 "일장기 지우던 손 못다 채운 원고지가/ 행간을 펄펄펄"나는 당시를 회고하면서 "흰 두루막 깃을" 털던 주인공을 만난다. 그리고 마지막 수에 오면 그렇게 "길 위에서 길을 잃어 허공에 기댔을" 심사를 헤아리며 "서녘에 푸른 별"되어 "양각으로 빛"나는 삶의 진정성을 만난다.

비록 기댈 수 없는 허공에 몸을 기댄 탓에 멸시에 따른 좌절과 가난이 가진 재산 전부였지만, 또 그리하여 폐결핵으로 마흔셋이라는 아까운 나이에 요절하였지만 한 시대의 별이자 역사의 빛으로 남은 이의 뒷모습은 얼마나 거룩하고 아름다운가. 자신을 반성하고 채찍질하는 겉모습보다 훨씬 더 큰 파장으로 다가오는 작품이 아닐 수 없다.

건들마 따라나선 해 질 무렵 댐 산책길
낯달이 쓰다가 둔 행간을 되작이다

콕콕콕 늙은 물오리, 사투리를 낚는다

낮은 데로 몸 낮추며 필사한 왕필본을
산 그림자 내려앉아 짚어보는 물의 화엄
유실된 모음 하나가 무릎 가만 내준다

고분고분 눈길에도 행여나 누가 될까
사계절 열린 문학관, 노자의 물 읽다 보면
문패도 사치였어라 옮기고픈 내 거처
—「임하댐 독법」 전문

이 작품의 소재가 된 임하댐은 안동에 있는 취수원이다. 그런데 시인의 안중에는 임하댐의 위치나 용도 같은 것은 별로 큰 의미가 되지 못한다. 다만 댐을 가득 채운 수면과 그 수면으로 인해 전개되는 시시각각의 장면들의 견지자적 접근에 초점이 맞추어져 있다. 그러면서도 마치 참선용 화두라도 받아든 것처럼 시공을 초월한 사색과 사유를 확장해 나가고 있다.

첫수에서 만나는 장면은 "해 질 무렵 댐 산책길"에서 마치 "사투리를 낚"듯이 자맥질에 잠 차진 "늙은 물오리"와의 대면이다. 특별한 감정의 동요를 내비치지 않는 이러한 접근은 자신의 체험적 진술을 독자에게 더 진정성 있게 전달하고자 하는 접근방식이다. 둘째 수에서는 모색의 첫 번째 갈래를 드러낸다. 바로 "산 그림자 내려앉아 짚어보는 물의 화엄"이 그것이다. "유실된 모음 하나가 무릎 가만 내"주는 수면의 침묵과 깊이가 '화엄'의 진경을 떠올리게 한 것이다. 깨달음을 이룩한 부처가 실천적으로 보여주고자 한 세계가 아니던가. 자신의 사고영역에서는 도저히 비견할 수 없는 적멸의 현상계에 대한 불교적 접근이라 하겠다.

그리고 거기서도 끝내 명확한 답을 얻지 못하자 사유의 체제를 바꾸어본다. 바로 도덕경에 나오는 "노자의 물"이다. '상선약수'로 집약되는 노자의 '무위자연'이 아니고서는 달리 형언할 방편을 찾지 못한 시공의 질서 앞에서 버젓이 문패를 달고 삶을 영위한다는 것 자체가 반성의 대상이 아니었던가. "문패도 사치였어라 옮기고픈 내 거처"라고 자조적인 성찰이 종장에 이르러서도 독파하지 못한「임하댐 독법」이다. 여기서도 평범한 소재를 비범하게 이끄는 박경화의 힘을 읽을 수 있다.

다소 결이 다르고 성격이 다르지만, 현장이라는 점에서 궤를 같이하는 다음과 같은 작품도 또 다른 삶의 교과서이기는 마찬가지다.

성동시장 한 귀퉁이 간판 없는 수선집
홀로된 혁이 엄마 재봉틀 끼고 앉아
오늘은 청바지 오려 별 하나를 덧댄다

지나가는 눈길들은 안중에 없다는 듯
여윈 민낯 푹 숙인 채 달달 대는 외발 아래
숨은 듯 엉킨 넋두리 적금처럼 쌓인다

외아들과 하루하루 턱걸이로 버티면서
짜진 몸에 걸친 남루 벗을 날 하마 올까
하굣길 힘찬 발소리 북두성이 돋을하다

–「별을 낳는 여자」 전문

이 작품의 현장은 "성동시장 한 귀퉁이 간판 없는 수선집"이다. 이런 종류의 소재는 습작기에 필수과목처럼 다루어보는 가치 덕목인 데 대체적인 메시지가 결핍에 대한 연민이다. 어찌 보면 약자에 관한 관심과 연민의 정서는 대상을 바라보는 정신의 건강성과도 궤를 함께하여 시인이 가져야 할 기본 조건이라 할 것이다.

평범한 소시민의 일상이면서도 삶의 건강성에 매료

된 이 작품에서도 "홀로된 혁이 엄마"가 "재봉틀을 끼고 앉아" "청바지 오려 별 하나를 덧"대는 모습이 흑백필름처럼 지나간다. 그리고 "지나가는 눈길들은 안중에 없다는 듯/ 여윈 민낯 숙인 채 달달 대는 외발" 밟기가 둘째 수를 자리매김한다. 마지막 셋째 수에서도 단 하나의 희망이자 삶의 이유인 "외아들과 하루하루 턱걸이로 버티"는 정황묘사에 치중하여 견지자의 객관성에 집중하는 모습을 보이고 있다. 다만 "북두성이 돌올"한 시간까지 아들의 "하굣길 힘찬 발소리"를 놓치지 않고 종장을 마무리함으로써 "홀로된 혁이 엄마"에게 외경심을 얹어주고 있다.

4

삶의 슬기로운 경영을 위한 박경화의 마음 저울은 대체로 많은 시편에서 현상적인 진단과 처방으로 자신의 역량을 가늠하는 방법으로 조율을 하고 있다. 웬만해서는 자기 생각과 힘을 드러내지 않고 해결하기 때문이다. 자신이 없어서라기보다 자신의 보법이 신중한 까닭이다. 그런 가운데서도 직접적인 감성으로 읽어내고 생각을 드러낸 작품들도 여러 편 보인다.

바위틈 뚫고 나와 솔기 터진 만지송이

오체투지 걸어온 길 자서전을 쓰고 있다
생채기 아물 새 없이 누런 진물 흐르는

올곧게 서지 못해 뒤틀어진 몸을 던져
허공에 써 내려간 선이 굵은 육필원고
가혹한 저 필력 앞에 산도 키를 낮춘다

어디까지 내려서야 속 깊은 바닥에 닿아
하늘 향해 읍소하는 푸른 경전 읽어낼까
필 남짓 저녁노을에 안경 벗어 닦는다

—「소나무, 난독難讀」 전문

자잘한 가지가 많은 소나무를 대상으로 하여 존재의 위의威儀를 어떻게 읽어갈 것인가에 대한 자문과 자답의 시간이다. 실제로는 만 가지를 가진 소나무나 한 기둥으로 쭉 뻗은 소나무나 생명의 섭리일 따름이다. 나와 모양이 다른 사람에게 '너는 왜 그렇게 생겼느냐?' 고 물어본다는 것이 별나른 의미를 지니지 못하는 것과 같다. 그런데도 그러면 그렇게 인위적으로 차별하고 논리로서 변별하지 않으면 어떻게 자신의 가늠자, 즉 마음 저울을 지닐 것이며 어떻게 근원적인 가치 질서에 접근할 수 있을 것인가. 그러기에 정답을 구하기 위해서가 아니더라도 제한된 시간과 공간에서의 모색에 집중하는 것이 시를 쓰는 마음이 아니겠는가.

이 작품은 이미 「소나무, 난독難讀」이라는 제목에서도 짐작할 수 있겠거니와 하나의 대담으로 읽히지 않음을 노정 시켜 두고 있다. 다만 최선의 탐색으로 지금까지의 지식과 추리를 동원하여 원형과 실상에 접근해 보려는 노력에 집중할 따름이다. 그나마 화자가 만난 소나무는 "바위를 뚫고 나와 솔기 터진" 채 "상채기 아물 새 없이 누런 진물" 흘리면서 "오체투지 걸어온 길/ 자서전을 쓰고 있"는 모습이다. 여느 다큐멘터리의 도입부처럼 이미 대상 소나무의 실상이 다 드러나 있다.

둘째 수에 오면 이때의 소나무가 통찰을 꿈꾸는 선승이나 시인이 되어 "허공에 써 내려간 선이 굵은 육필원고"의 주인공이 된다. 너무도 가혹한 현실 앞에서 "산도 키를 낮"추는 환경이 마치 시인 박경화 자신의 고뇌와도 자연스레 치환되고 있다. 기실 시간이든 공간이든 어디서부터 시작이라고 해야 하며 어디까지를 끝이라 해야 정확한 지는 우리 누구도 알지 못한다. 시도 공부도 삶도 마찬가지다. "어디까지 내려서야 속 깊은 바닥에 닿아/ 하늘 향해 읍소하는 푸른 경전 일어낼"지 누가 알겠는가. 만지송의 수많은 모색과 좌절의 시간을 보면서 한 시인의 짧은 삶의 궤적을 겹쳐보면 다만 '아직도 멀었구나' 싶은 자신만이 우뚝하게 된다. 여러 생각에 잠기다 보면 해가 저물고 "필 남짓 저녁노을에 안경 벗어 닦"는 일이 그나마 자기 위안이 아니던가. 평범한 대상물을 대하면서도 박경화는 심오한 질문을 찾아내는 눈과 생각을 가졌다는 것이 시인으로서의 큰 덕목이다.

갠지스 늙은 강에 순례자가 이마 씻듯
참가자미 한 마리가 엎드린 댓살 채반
난 바다 푸른 이력을 맨몸에다 새긴다

해풍에 꾸들꾸들 말라가는 앙상한 뼈
긴 파랑 헤쳐 온 길 차마 다 쓰지 못해
아린 생 빗살무늬만 지문으로 남긴다

썰물 진 뱃가죽도 홀쭉하게 달라붙고
아흔넷 이랑 섭은 잔잔한 수평선 너머
육 남매 품었던 자리 낙관 찍는 저녁 해
 –「어머니의 탁본」 전문

시를 쓰는 목적은 다양하겠지만 한 가지 분명한 것

은 시인이 추구하는 진리에의 대답이라는 점이다. 비록 그 대답의 과정이 서로 다르고 대답을 구하는 방법이 달라 내놓은 모양새가 제각기 다를지라도 틀린 답이라고 단정할 수는 없다. 진리의 참모습은 보는 시기에 따라 다르고 바라보는 각도에 따라 극단적으로 달라지기 때문이다. 어떤 사람은 바다에서 산의 높이를 가늠하려 하고 또 어떤 이는 산 위에 올라가서 산의 높이를 재려고 하지만 어느 하나의 방법만이 옳다고 말할 수 없는 것과 같은 이치다. 자신이 가진 최고의 역량으로 최상의 결론에 이르려는 수단이었을 것이기 때문이다.

박경화는 지금 "댓살 채반"에 "엎드린" "참가자미 한 마리"를 빌려 어머니가 베풀어준 사람의 크기를 가늠하고 있다. 마치 그 모습이 "갠지스 늙은 강에 순례자가 이마 씻듯" 거룩한 모습이었다는 비유를 초장에 도입하면서 분위기를 압도한다. 둘째 수에 가면 좀 더 적나라한 비유로 독자의 공감대를 자극하고 있다. "해풍에 꾸들꾸들 말라가는 앙상한 뼈"만 남긴 채 "아린 생 빗살무늬만 지문"이 어머니의 모습과 하나로 겹치게 함으로써 체감도를 높이고 있기 때문이다. "썰물 진 뱃가죽도 홀쭉하게 달라붙고/ 아흔넷 이랑 접은 잔잔한 수평선 너머" 셋째 수에 오면 가자미를 보면서 어머니를 떠올린 구체적인 정황으로 뒤늦은 후회의 마음 앓이를 실토하고 있다. 슬쩍 "낙관 찍는 저녁해"에게로 관심을 돌리면서 "육 남매 품었던 자리"에 꾸덕꾸덕 말라가는 뼈마디 앙상한 어머니에 대한 감사와 후회가 장착된 반성적 성찰이 가슴을 먹먹하게 하는 작품이다.

이 작품 이외에도 「어머니」,「새의 지문」, 「병실 일기」 등 어머니와 혈육 간의 정리를 다룬 작품은 유독 많이 눈에 들어왔다.

5

지금까지 일별해본 작품들이 박경화의 첫 시조집이라는 점을 생각하면 그 무게감은 기대 이상의 수준이다. 작품의 소재가 다양하고 메시지를 도출해내는 과정에서도 매우 치밀한 관찰력이 돋보인다. 되도록 직접체험을 바탕으로 하고 추체험이라도 깊은 사색과 사유를 뒷받침함으로써 독자와의 간극이나 벽을 낮추었다. 그리고 그가 선택한 문장들은 비교적 근육질이고 군살을 걷어내었다. 외형적으로도 단정하지만, 그 언어가 지향하는 정신의 지향점은 더욱더 곧고, 강직하다. 일상의 언어들이되 시조의 정형성을 풍부하게 확장하기 위해 치밀히 궁리하였다. 그가 오랜 기간 자유시를 써온 사람임을 고려하면 놀라운 결과이며 변신이 아닐 수 없다.

많은 경우 아직도 시조를 쓰면서 자신의 내부에 담긴 원초적 감정을 발산하는 데 초점이 맞춰져 독자와의 소통이 차단되는 현실을 감안하면 박경화의 이 같은 탐구적 보법은 매우 바람직한 선택이다. 고시조가 시가詩歌의 가사 형태로 직접적인 소통을 이끌었다면 오늘의 시조는 다중을 상대로 자신의 메시지를 전하는 인쇄문화라는 차별성을 지닌다는 점에서 더욱더 그렇다. 자신의 감정에 들떠 독자에게 어떻게 전달되는지 검증해보지 않은 채 마구잡이로 공급한다는 것은 가치의 폭락을 불러올게 자명한 이치가 아닌가. 공연히 흥분하여 자신을 설득할 수 없는 언동이라면 메시지 또한 전달될 리가 없다. 박경화는 이런 점을 충분히 이해하고 자신만의 궁리를 거듭해온 것이다. 시조 공부의 새로운 전범이 되기에 충분한 시조집이다.

이제 그는 그만의 마음 저울을 지닌 시인이 되었다. 이번 시조집의 발간을 계기로 독자적으로 개발한 맛에다 적당한 양념과 차림새를 덧붙여 새로운 명가의 간판을 내걸 수 있기를 기대한다.